# 낙서가 예술이 되는 50가지 상상

**세르주 블로크** 지음 | 김두리 옮김

문학동네

# 자, 여기는 부엌입니다.

킁킁
킁킁
으르렁

가지는 무엇으로든 변신할 수 있어요.

아스파라거스 숲에
어떤 동물을
숨겨 볼까요?

우아, 냄비 로봇이다!

나만의 냄비 친구를 만들어요.

숟가락의 가족을 소개합니다. 아빠 칼과 엄마 포크예요.

칼과 숟가락과 포크에 표정을 만들어 주세요.

사랑이 담긴 찻잔이에요.

이 찻잔에는 어떤 이야기가 담길까요?

친구들을 그려 주세요. 훨씬 힘이 날 거예요.

나만의 치즈를 그려요.

이 안에는 누구를(또는 무엇을) 넣을까요?

이번에는 거실입니다.

의자에 누굴 앉힐까요?

전화기의 변신이 기대돼요.

이 안경들 다 누구 거죠?

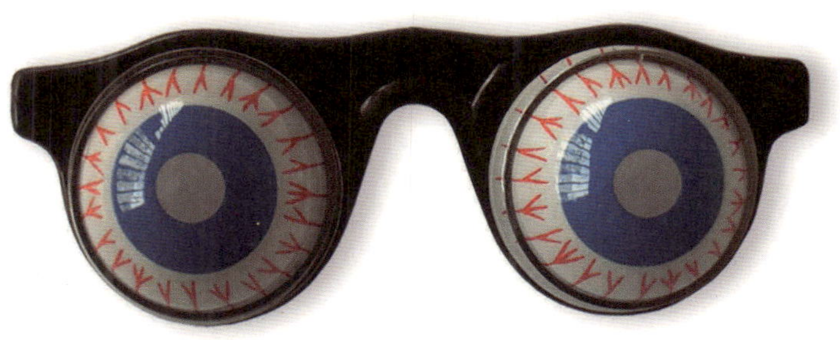

나만의 건물 디자인!

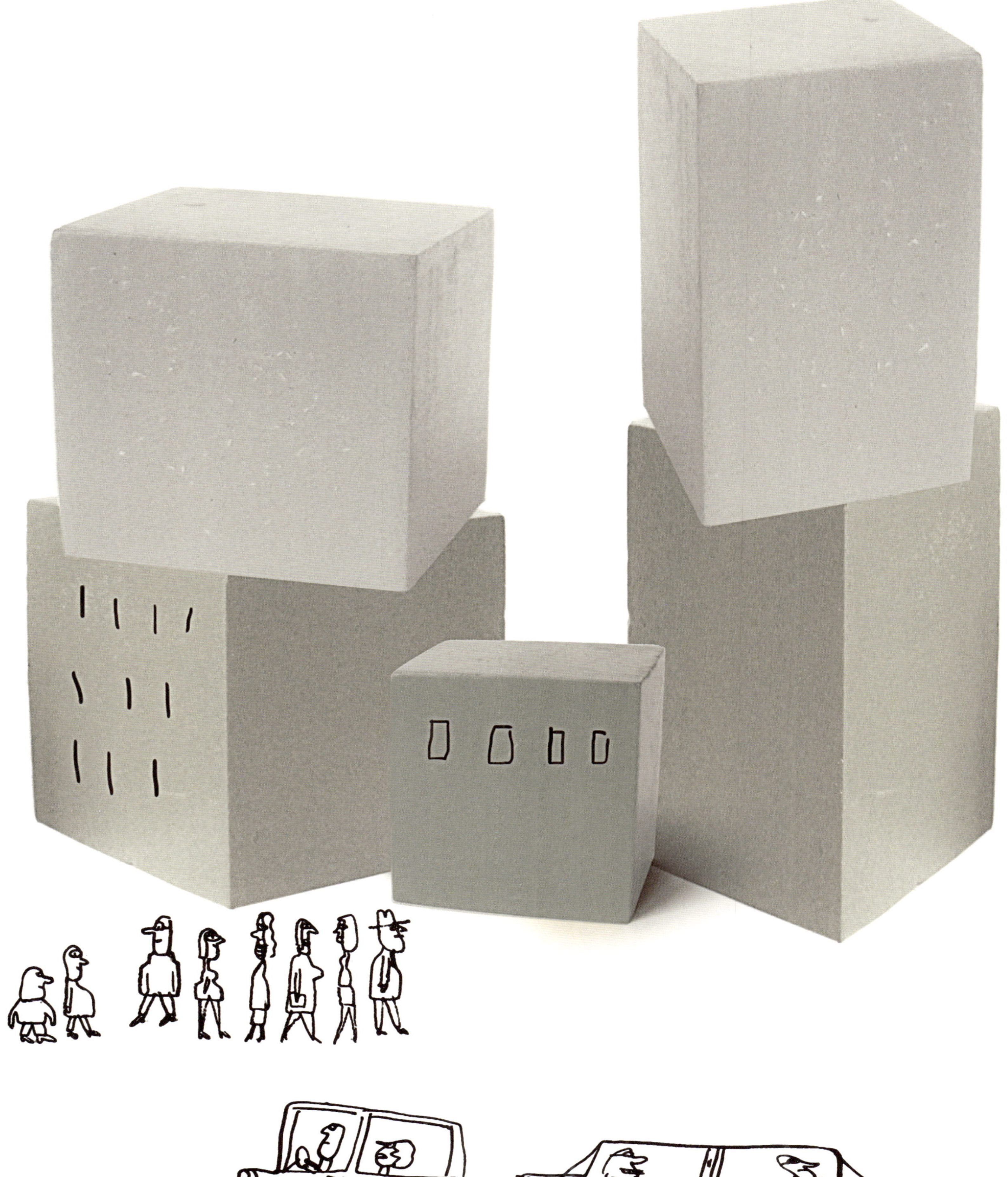
택시

엄마
사랑해

전하고 싶은 마음을 담아요.

길이 막히네요!

열쇠들도 지루한가 봐요.

1
1

누가 가장 힘이 셀까요?

다음은 내 방입니다.

모자 주인을 찾습니다.

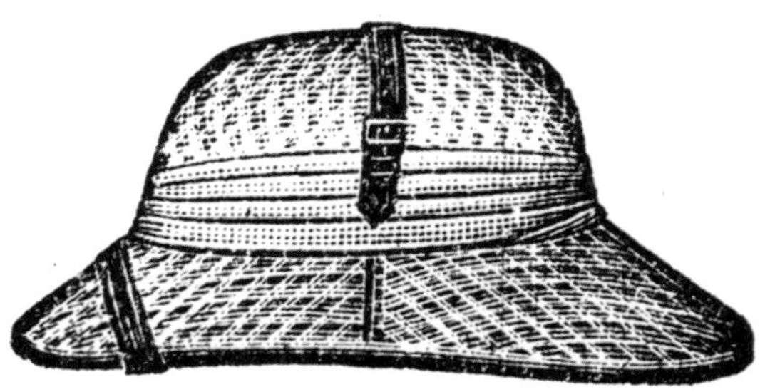

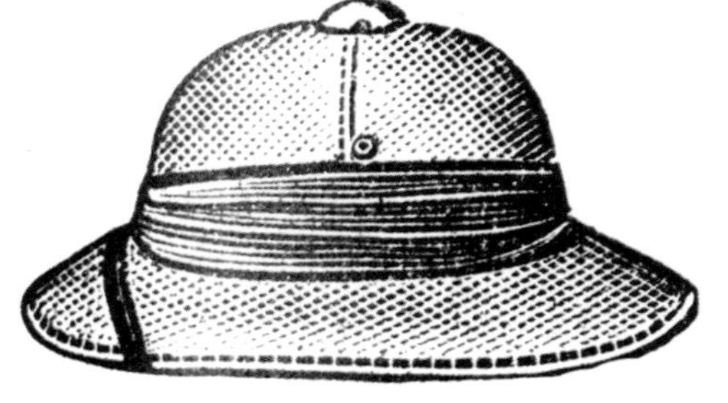

곰 인형의 외출 준비!

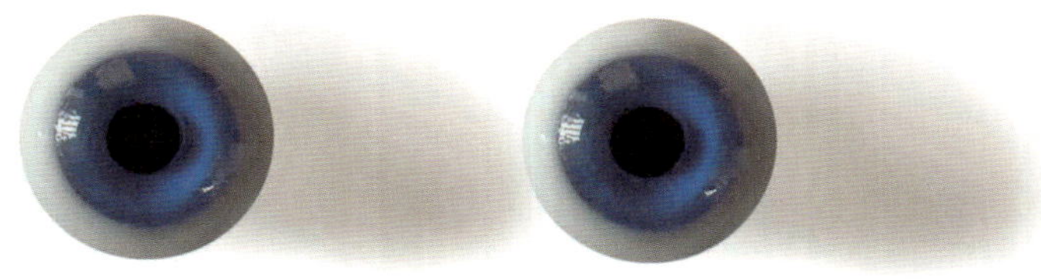

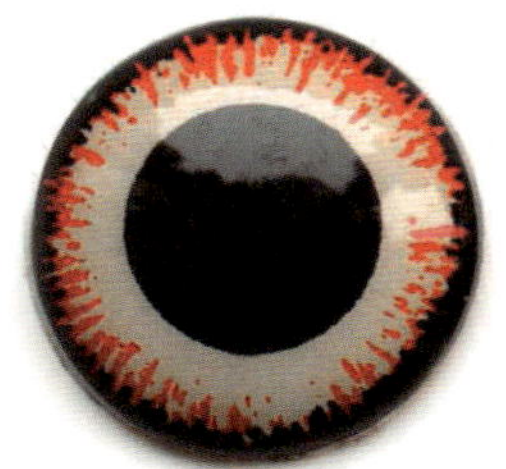

누가 지켜보고 있는 것 같아요……

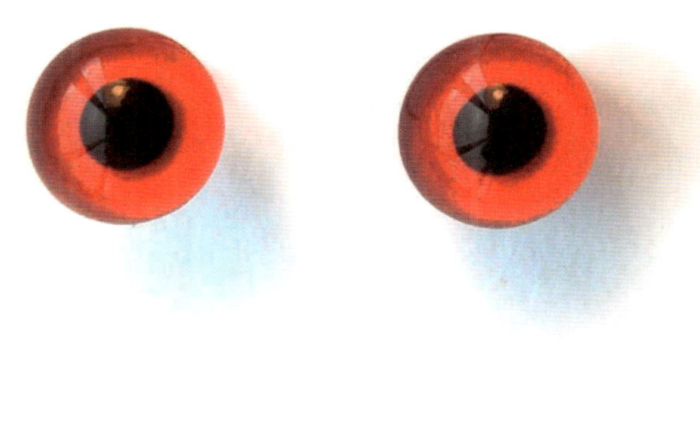

으윽, 알람 소리 싫어요.

책장에는 어떤 책을 꽂고 싶은가요?

# 슬리퍼 안에 누가 있어요!

스탠드 뒤에도요!

이제 욕실입니다.

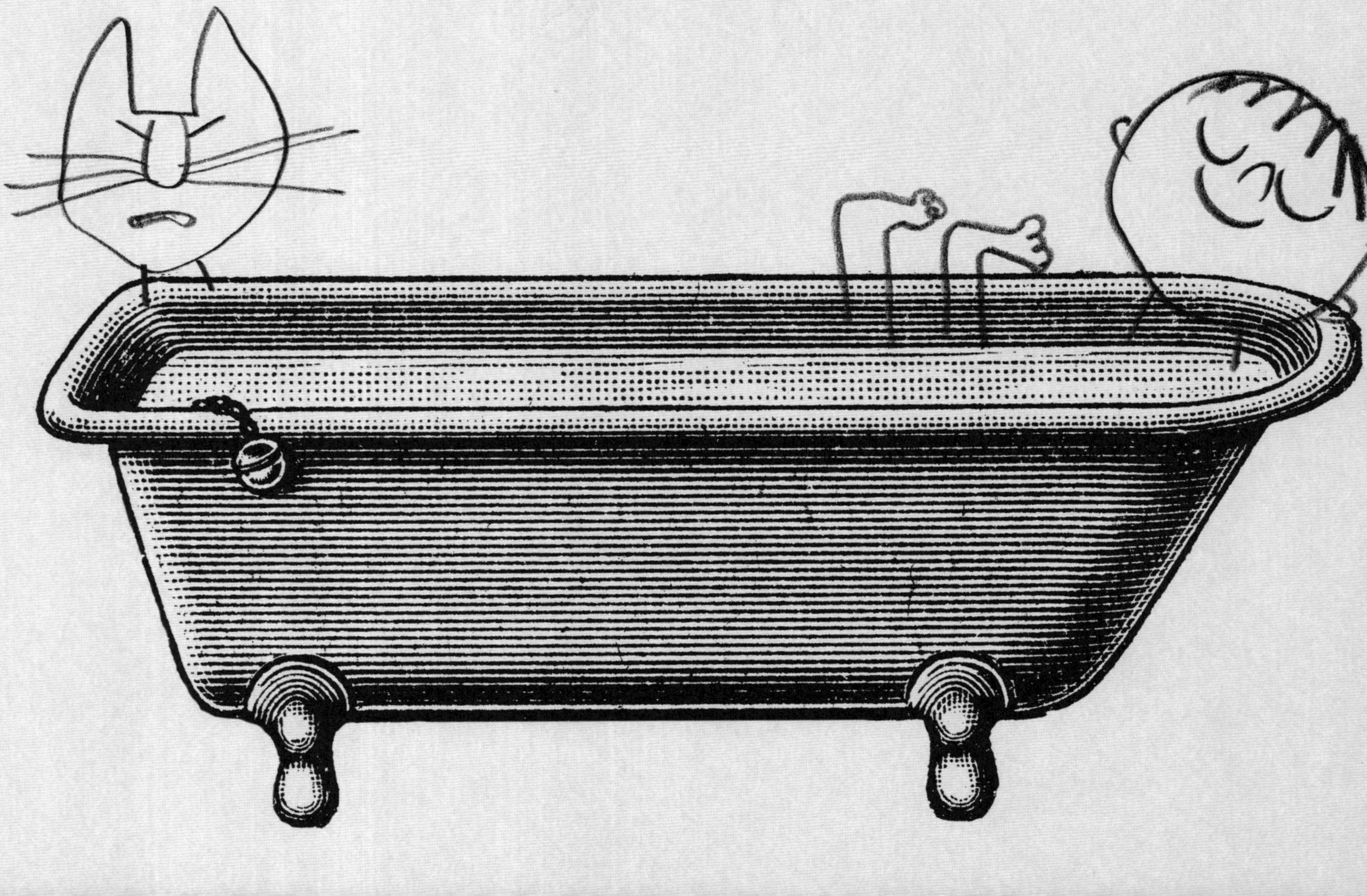

# 누가 칫솔질 안 한다고요?

이런, 해적이 쳐들어왔어요!

솜구름 사이로 날아다니는 친구들을 그려 볼까요?

아, 나의 옛 친구여.

수도꼭지의 진짜 정체는 무얼까요?

물론 목욕하기 싫을 때도 있죠.

거울아, 거울아, 아무거나 비춰 보렴.

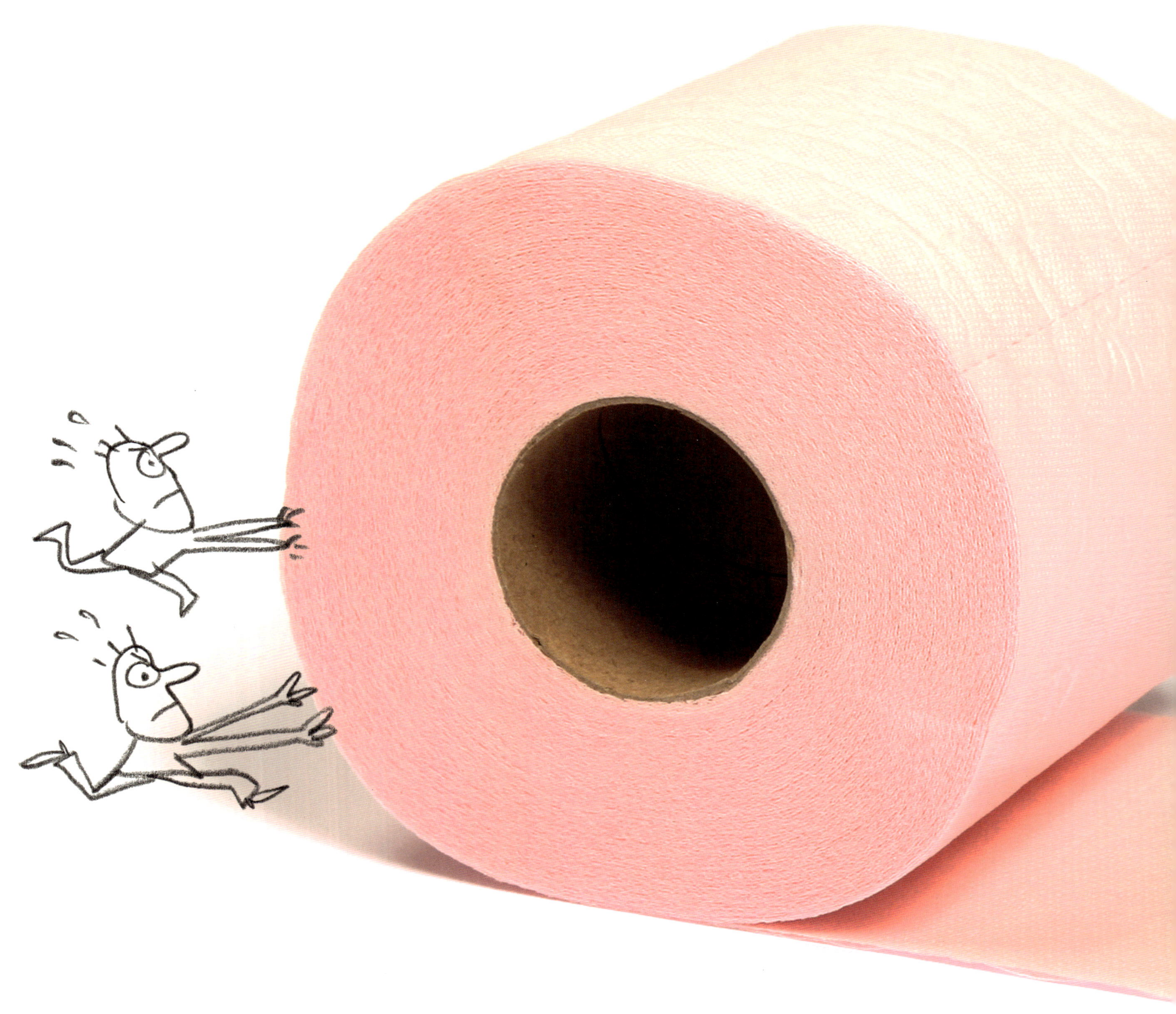

으샤, 화장지 굴리기 한판!

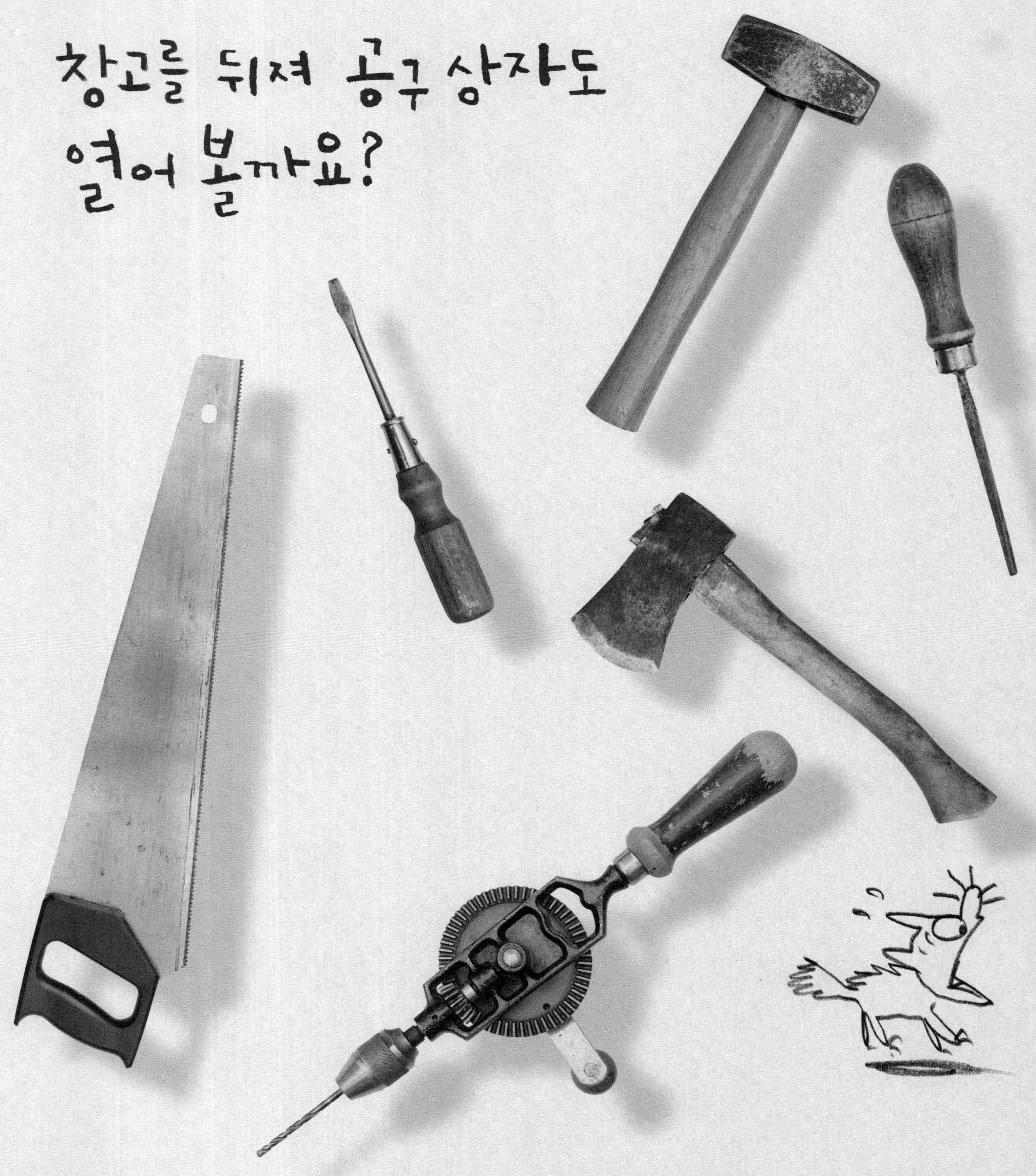
창고를 뒤져 공구 상자도
열어 볼까요?

천재 발명가 나도 될 수 있죠.

얼굴이 빨개진 건 누구일까요?

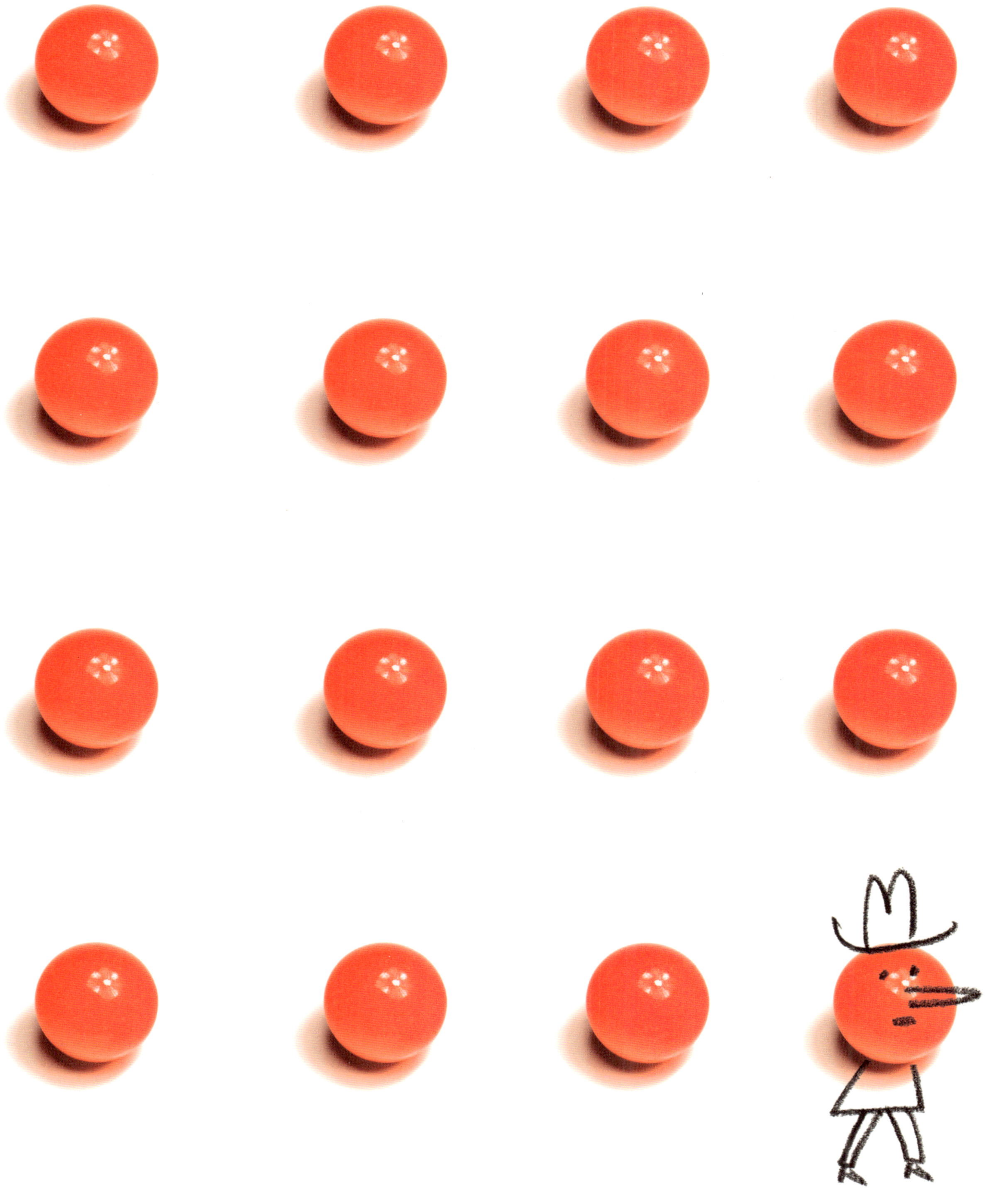

불이야! 불!

# 구조대 빨리 빨리!

THE SCISSORS
AVERAGE CONTENTS
30 MATCHES
MADE IN CZECHOSLOVAKIA
SAFETY MATCH
SOLE DISTRIBUTORS
SAMACO LIMITED LONDON

THE SCISSORS
AVERAGE CONTENTS
30 MATCHES
MADE IN CZECHOSLOVAKIA
SAFETY MATCH
SOLE DISTRIBUTORS
SAMACO LIMITED LONDON

THE SCISSORS
AVERAGE CONTENTS
30 MATCHES
MADE IN CZECHOSLOVAKIA
SAFETY MATCH
SOLE DISTRIBUTORS
SAMACO LIMITED LONDON

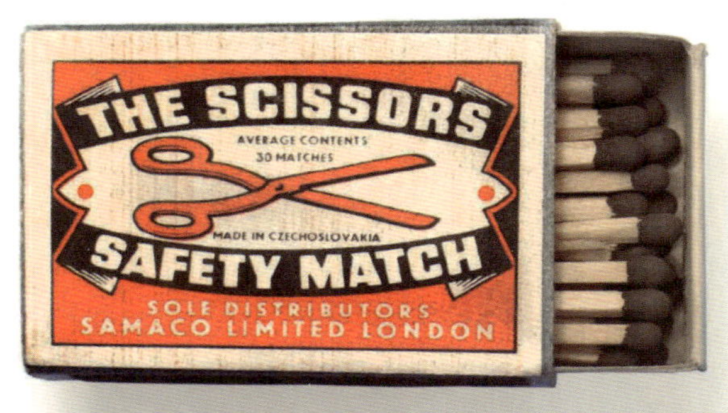

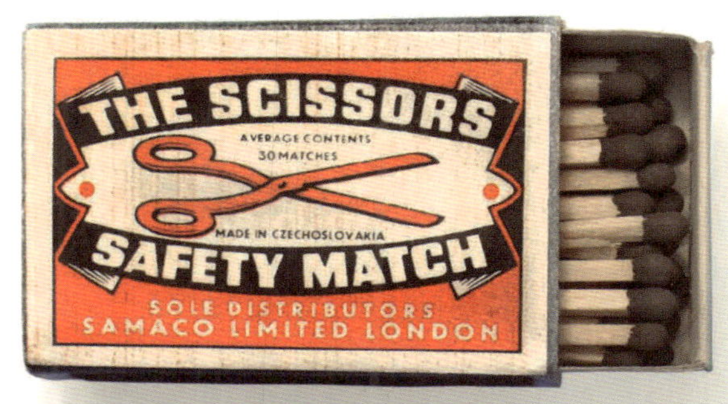

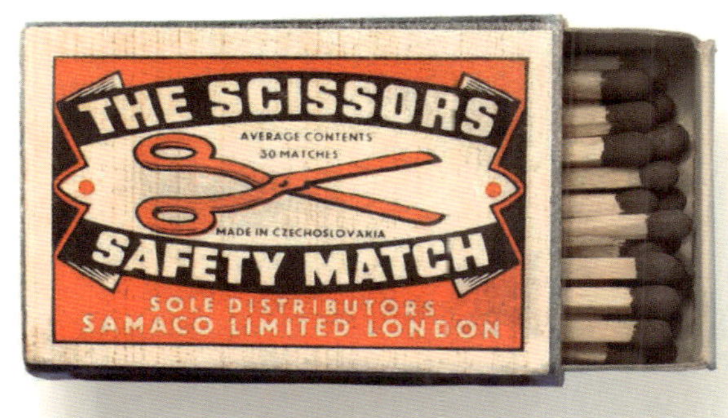

# 당겨!

꽉 잡아!

삽으로
뭘 할 수 있을까요?

톱으로는요?

마지막으로, 마당입니다.

나뭇가지 위에
누가 놀러 왔나 봐요!

따끔한 맛을 보게 될 것 같아요.

빨래집게 몬스터를 더 그려 줘……

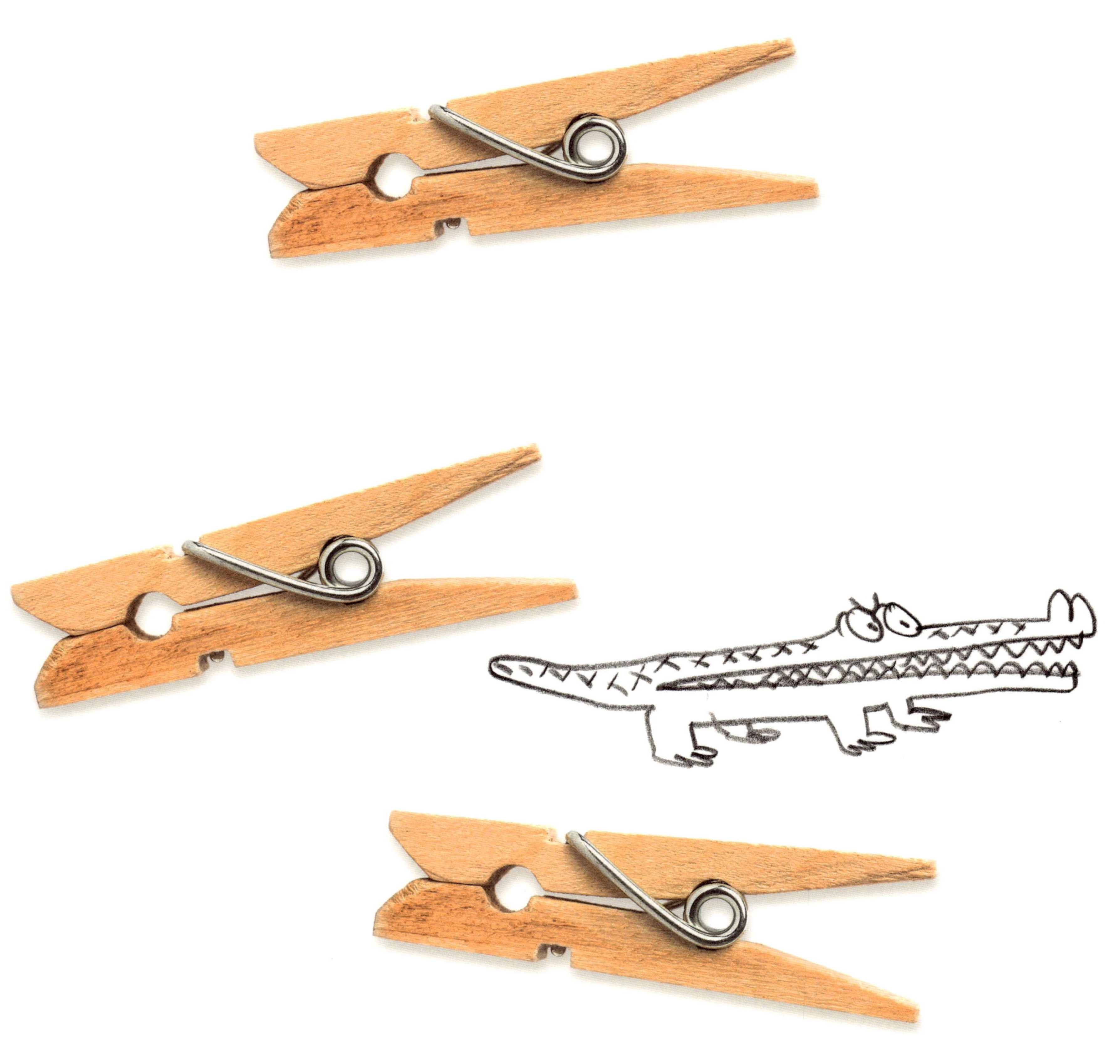

어서! 물어 버릴 거야!

꽃병을 그득
채워 보세요.

반들반들한 밤톨들은 기분이 어떨까요?

둥지에 사는 가족을 상상해 봐요.

지렁이

그 통조림 맛있겠다,
냠냠!

지은이 **세르주 블로크**

1956년 프랑스에서 태어났으며 장식예술학교에서 공부했습니다.
2005년에 미국 일러스트레이터협회에서 수여하는 금메달을 받았고, 다비드 칼리와 함께 작업한
『나는 기다립니다…』로 바오밥 상을, 『세상을 뒤흔든 31인의 바보들』로 2007년 볼로냐 라가치 상을 받았습니다.
『돌 씹어 먹는 아이』『싸움에 관한 위대한 책』『적』 등의 어린이책에 그림을 그렸습니다.


옮긴이 **김두리**

대학교를 졸업한 후 출판사에서 해외문학 편집자로 일했습니다.
한국외국어대학교 통번역대학원 한불과에서 번역과 순차통역을 전공했고,
고려대학교 대학원 불어불문학과 박사과정을 수료했습니다.
옮긴 책으로 『여성 권리 선언』『다윈의 기원 비글호 여행』『해피 데이스』 등이 있습니다.



## 낙서가 예술이 되는 50가지 상상

**1판 1쇄** 2017년 11월 20일 │ **1판 8쇄** 2025년 9월 30일 │ **지은이** 세르주 블로크 │ **옮긴이** 김두리
**책임편집** 문새미 │ **편집** 엄희정 이복희 │ **디자인** 이은하 │ **마케팅** 정민호 서지화 한민아 이민경 왕지경 정유진 정경주 김혜원 김예진 이서진
**브랜딩** 함유지 박민재 이송이 박다솔 조다현 김하연 이준희 │ **저작권** 박지영 형소진 주은수 오서영 조경은 │ **제작** 강신은 김동욱 이순호 │ **제작처** 영신사
**펴낸곳** (주)문학동네 │ **펴낸이** 김소영 │ **출판등록** 1993년 10월 22일 제2003-000045호 │ **주소** 10881 경기도 파주시 회동길 210 │ **전자우편** kids@munhak.com
**홈페이지** www.munhak.com │ **카페** cafe.naver.com/mhdn │ **북클럽** bookclubmunhak.com │ **인스타그램** @mundong_picturebook
**대표전화** (031)955-8888 │ **팩스** (031)955-8855

ISBN 978-89-546-4904-9 13690

잘못된 책은 구입하신 서점에서 교환해 드립니다. 기타 교환 문의: 031) 955-2661, 3580